I0075811

TERRES
VAINES ET VAGUES.

❦

SOLUTION

DES

QUESTIONS SOUMISES AUX TRIBUNAUX.

—

PRIX : 2 FR.

—

NANTES, IMPRIMERIE MERSON.

Mars 1837.

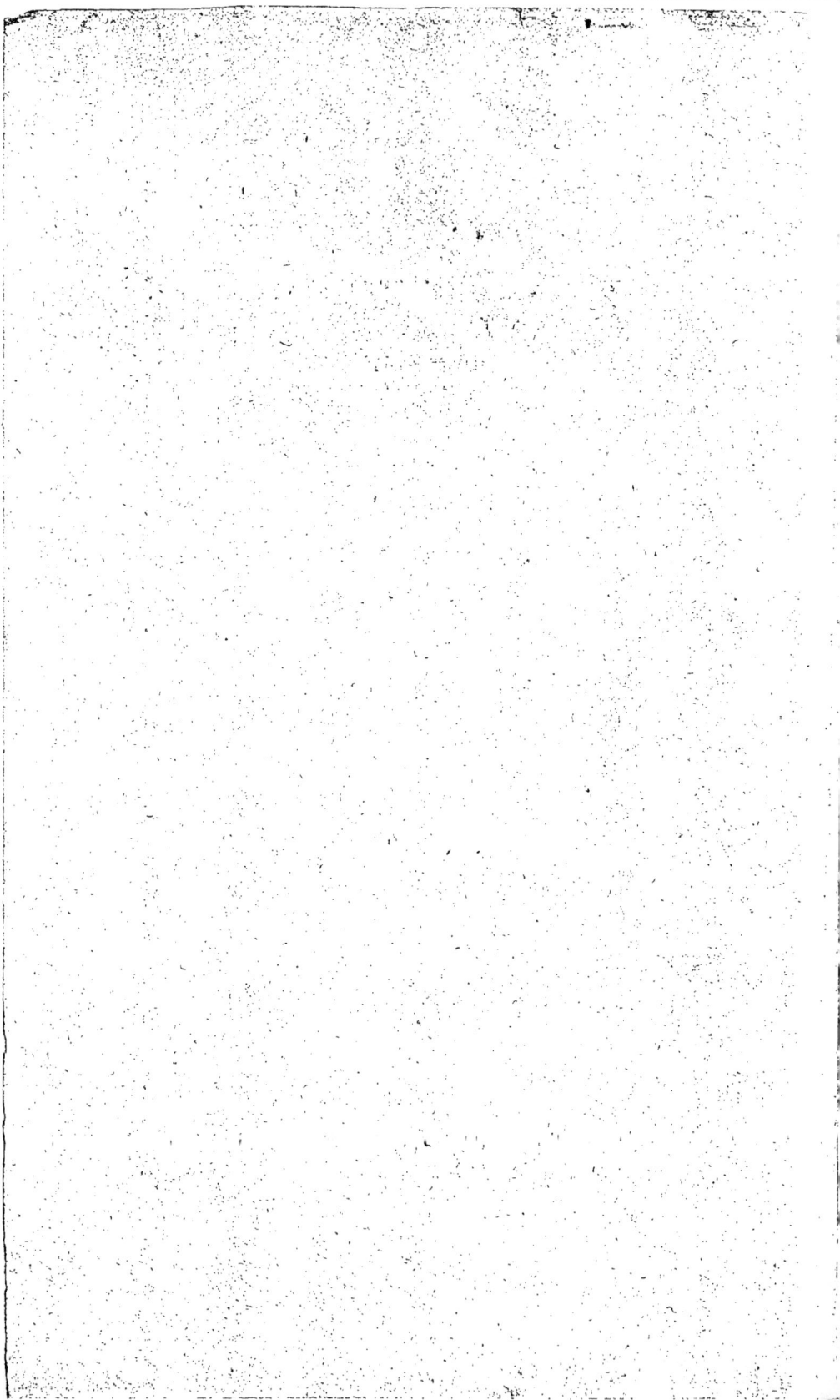

LEGISLATION

ANCIENNE ET NOUVELLE

concernant

LES TERRES VAINES ET VAGUES,

SELON LE DROIT GÉNÉRAL DE LA FRANCE

ET LE DROIT SPÉCIAL DE LA BRETAGNE.

SOLUTION

DES

QUESTIONS SOUMISES AUX TRIBUNAUX,

Par MM. LEMERLE, Avocat,

Ancien Jurisconsulte,

Formant le complément de son premier Ouvrage;

Et L. COUPRIE, Avoué-licencié.

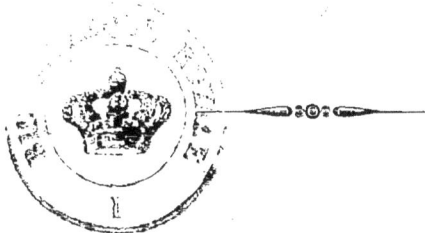

NANTES , IMPRIMERIE MERSON.

—

1837.

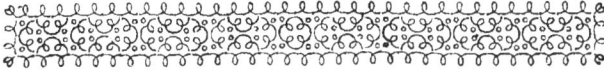

SUITES DU TRAITÉ

DES TERRES VAINES ET VAGUES,

SELON LE DROIT COMMUN

ET LE DROIT SPÉCIAL DE LA BRETAGNE.

DEUXIÈME PARTIE.

Neglectis urenda filix innascitur agris.

CHAPITRE I.er

Quelques réflexions sur les caractères désirables d'une loi concernant la mise en valeur des terres incultes et décloses.

L'homme ne fait bien que ce qu'il fait volontaire-ment : si l'on veut qu'il fasse mieux , il faut ouvrir devant lui la carrière du perfectionnement, faire naître l'émulation, l'aider à vaincre les obstacles, lui donner des encouragements; on peut l'inviter à marcher plus

*ile , mais on ne doit pas le pousser; il déteste la vio-
lence qui abrutit, rend cruel ou stupide. Toute loi im-
pérative , sans nécessité , a le caractère de contrainte
morale. Ce ne serait pas en troublant les possessions
qu'on apprendrait à posséder : il ne faudrait pas ar-
racher le sol au propriétaire, parce qu'il n'aurait pas
encore déraciné la fougère qui le couvre.

La multiplicité des lois de rapiécetage est un chaos,
une cause de désordre , une difformité qui abâtardit
la science du droit, use le ressort politique en inspi-
rant aux citoyens du mépris pour ce qu'ils doivent
honorer ; on ne s'attache qu'à ce qui doit durer. L'in-
stabilité des lois est un grave sujet d'inquiétude; l'in-
stabilité de la propriété serait un renversement de la
société par sa base. Le législateur, pénétré de sa haute
mission, doit commander l'admiration par la grandeur
et l'équité de ses œuvres : on recueille dans les mœurs
ce que l'on sème dans les lois.

L'élan est donné ; l'industrie agricole marche seule ;
le législateur n'a plus qu'à accélérer le mouvement.

Au point de vue le plus élevé, il pourrait lier toutes
les lois les unes aux autres , en les obligeant à se
prêter des secours mutuels : la loi de recrutement
pourrait devenir l'auxiliaire de la loi sur l'agriculture,
en temps de paix surtout; on sait que le soldat qui se
courbe en remuant la terre , se redresse en marchant
à l'ennemi. Les fils de Rome victorieuse étaient cultivateurs ; ils marchaient à la gloire par les champs qu'ils
labouraient.

Si l'Etat entretenait à ses frais une partie des che-
vaux de son armée, pour aider le pauvre laboureur à
sillonner et féconder son champ , cette conquête agricole ne coûterait ni sang ni larmes; elle ne porterait

pas ombrage à l'étranger ; elle préserverait de la contagion des cités les hommes susceptibles de se laisser corrompre.

On a fait des lois contre les négligences, les erreurs, les inadvertances des hommes; n'en pourrait-on pas faire aussi contre les noirceurs de l'ingratitude, les perfidies de la fraude, les violations volontaires de la foi promise, les lâchetés, les cruautés ? Ce défrichement moral en vaudrait bien un autre.

Chez les peuples de l'antiquité, ceux qui pouvant sauver un homme, ne le faisaient pas, étaient punis. Les citoyens étaient à la garde les uns des autres ; toute la société était unie contre les méchants ; leur surveillance ne coûtait rien à la patrie, soit en argent, soit en humiliation ; l'égoïsme était flétri, la dureté du cœur était réprimée.

Ne pourrait-on tirer le bien du mal, et forcer le vice à contribuer, par des amendes, avec une affectation spéciale, au bien-être de la vertu?

S'il est convenable de faire cesser la jouissance abusive des terres vouées à la stérilité, de féconder les germes de la prospérité territoriale, il importe de conserver les *droits acquis*. Toute législation doit commencer et finir par l'inviolable respect de la propriété, sauve-garde commune et fondement de la paix publique.

Quelque étendue que soit la puissance du législateur, elle a des bornes posées par la raison, dans l'intérêt de sa propre dignité et de sa conservation ; elle deviendrait inique, si elle rétroagissait sur le passé ; elle serait subversive, si elle troublait les possessions fondées en titres ; elle serait spoliatrice, si elle opérait dévolution forcée au préjudice des particuliers, en faveur soit de l'État, soit des communes : par exemple, pour subir une conversion prochaine en deniers, au profit de la caisse d'amortissement ; (¹) s'élevant au-dessus de son sujet, le législateur, comme un génie bienfaisant, plane sur les populations agricoles et les cités ; il calcule la portée de ses décrets et l'usage qu'on en peut faire.

Concilier l'intérêt général de l'agriculture avec le respect dû à la propriété, voilà le grand problème qui trouva dans la loi du 16 septembre 1807, une solution équitable et parfaite.

Cette loi déclare certains terrains grevés de la servitude de desséchement ; elle accorde au propriétaire la préférence pour l'opérer ; s'il refuse d'exercer son industrie, elle appelle l'industrie étrangère, qui reste chargée d'indemniser les propriétaires des sacrifices qu'elle leur impose.

Que les terres vaines et vagues dont les produits sont éphémères, soient à leur tour grevées de la servitude de défrichement ou de mise en valeur quelconque appropriée à la nature du sol, aux conditions déterminées par la loi du 16 septembre 1807, avec des primes d'encouragement, des exemptions d'impôts pour la création des bois de construction, sans lesquels la France deviendrait tributaire de l'étranger.

Que l'indivision, qui est le principal obstacle à la mise en valeur, cesse dans les lieux où ce mode de jouissance subsiste encore, et tient les routiniers enfoncés dans l'ornière des habitudes paresseuses qui entretiennent la misère ; qu'une loi essentiellement

(¹) V. loi du 20 mars 1815.

confirmative des droits préexistants se montre avec des formes simples et rapides, sur les partages et les défrichements des terres vaines et vagues.

Si les droits réclamés sur ces terres sont variés à l'infini dans quelques contrées, par l'effet des usages, des lois, des contrats, des jugements, des possessions, des prescriptions, *il est impossible* que le législateur se transforme en juge; car au milieu de ces détails il prononcerait aveuglément et sans connaissance de cause; il donnerait une atteinte funeste à l'*indépendance* du pouvoir judiciaire, garantie par le pacte fondamental; il compromettrait la majesté législative, sans pouvoir rendre à chacun justice selon *son droit*.

Mais qu'il fixe un délai pour faire sortir de l'indivision ceux qui y sont encore; ou pour vider les contestations qui arrêtent les partages, qu'il laisse les communes et les sections de commune soumises à la tutelle administrative, pour les biens communaux reconnus tels et possédés à ce titre.

Dans les conflits de prétentions entre les communautés d'habitans et les particuliers, qu'il maintienne les formes judiciaires sans lesquelles le droit de propriété n'aurait ni défense ni sanction.

Que le droit particulier de la Bretagne conserve sa spécialité, confirmée par la loi du 28 août 1792, comme inconciliable avec le droit commun, quant aux *droits acquis*.

Au moment où l'on reconstruisit un édifice social sur les débris du vieux monde Français, au fort des premières tempêtes de la révolution, on accusa les auteurs des lois des 28 août 1792 et 10 juin 1793, d'avoir cédé au déchaînement des passions, dans un délire de perfection réformatrice, et foulé aux pieds le

grand principe consacré par tous les peuples éclairés :
» La loi ne dispose que pour l'avenir; elle n'a point
d'effet rétroactif. »

Ce reproche cependant n'était pas mérité en ce
qui concerne ces deux lois touchant les terres vaines
et vagues, ainsi que nous allons le démontrer, en
passant en revue le droit général de la France, et le
droit particulier de la province de Bretagne, qui a
conservé sa spécialité, après son union politique à la
France, et depuis les lois des 28 août 1792 et 10
juin 1793.

DROIT COMMUN.

CHAPITRE II.

Première Epoque.

Les terres vaines et vagues furent dans l'origine des
pacages communs, délaissés par les diviseurs des
propriétés, pour la dépaissance commune, entre les
propriétaires *voisins.* (1)

Mais quels furent ces diviseurs? les plus anciens,
sans contredit, étaient les fondateurs des exploitations
agricoles auxquelles étaient attachées des troupeaux,
que l'on pouvait nourrir en hiver avec la dépouille

---

(1) Plerumque olim a *divisionibus agrorum*, ager compascuus relictus ad
pascendum communiter *vicinis*. (*Isidore.* Lib 2, Etimol. Chap 13.)

des héritages mis en valeur, et soumis à une jouissance particulière.

A l'instar des villages des provinces romaines, les vainqueurs départirent dans la Gaule ces biens aux populations, selon leurs besoins, et dans les lieux où les vaincus courbèrent avec docilité la tête sous le joug législatif des maîtres, ces pacages communs furent déclarés inaliénables, et les populations usagères.

Après l'affranchissement de la domination romaine, des chefs militaires prirent la qualité de seigneurs, se constituèrent juges et législateurs tout à la fois, créèrent à leur profit une suprématie territoriale, et fondèrent la maxime *Juridicus imperii ratione vindicat prædi ad pecorum partum commoda in juridictionis finibus septa.* Ils introduisirent ainsi un nouveau mode de division sans changer les habitudes de pacage. Les populations qui reconnurent leur principe de juridiction, furent protégées et confirmées dans leurs droits.

Mais les successeurs de ces seigneurs prétendirent que la confirmation des populations dans les anciens droits de compascuité, ne pouvait former obstacle aux dispositions nouvelles qu'il leur plaisait de faire; les populations se plagnirent, les entreprises des seigneurs continuèrent, et les rois, trop faibles pour réprimer les abus, protestèrent par d'impuissantes fulminations contenant concession, confirmation au profit des populations. (1)

---

(1) De là les ordonnances de Philippe IV, Tousaint 1280. – Charles V, 1355. art. 12 et 15. – François I. 1518, 1558, juin et septembre. – Henri II, février 1554, 1558, 1567. – Henri III, 4 janvier 1577.

Deuxième Epoque.

Vers la fin du xvime siècle, on parut vouloir faire une composition, une espèce de transaction législative : on admit que les seigneurs auraient les deux tiers des bois, prés, landes, pâtis, marais et autres biens communs, pourvu que la tierce partie fut *largement suffisante* aux besoins des vassaux et des populations. Les Cours souveraines, dont les décisions étaient réglementaires, accommodèrent leurs arrêts à ce système modérateur ou pondérateur, comme on voudra. ([1])

Troisième Epoque.

Effets remarquables de la puissance de Louis XIV ; tout va changer : l'invincible monarque foudroie les abus de la puissance seigneuriale; il brise les compositions du droit féodal outré, du droit régalien méprisé, et des cours souveraines créant un pouvoir *arbitraire*, en forme de *milieu*, entre l'un et l'autre.

Edit d'Avril 1667.

Le préambule exprime, entre autres choses : 1.° Que les communes ou communs furent concédés pour demeurer *inséparablement* unis aux habitations des lieux, pour donner moyen aux habitants de nourrir des bestiaux, de fertiliser *leurs terres* par des engrais ;

[1] De là, les arrêts rapportés par Papon, liv. 13, tit. 2; liv. 14, tit. 3, article 10. - Les arrêts postérieurs qui affermirent ce nouveau système : 10 décembre 1550. - Mars., juin, juillet 1582. - Septembre 1586. - Avril 1587. - 29 novembre 1594. - 24 décembre 1607. - 20 juillet 1613.

2.° Que les seigneurs, les officiers et les personnes puissantes, se sont aisément prévalu de la faiblesse des plus nécessiteux ; 3.° Que les communs ont été aliénés, les habitants privés des moyens de faire subsister leurs familles, ont été forcés d'abandonner leurs maisons ; et, par cet abandon, les bestiaux ont péri, les *terres* sont demeurées *incultes*, les manufactures et le commerce ont souffert, le public en a reçu des préjudices considérables.

Le monarque ordonne ;

Que dans un mois, à compter de la publication des présentes, les habitants des paroisses et des communautés *rentreront sans formalités* dans les communs, usages aliénés, à charge de remboursement, nonobstant tous contrats, transactions, arrêts, jugements, *lettres-patentes*;

Que seront tenus tous les seigneurs prétendant droit de tiers dans les usages, communes et communs, depuis l'année 1630, d'en abandonner et délaisser la libre et entière possession, au profit desdites communautés d'habitants, nonobstant tous contrats, arrêts et jugements;

Que les seigneurs qui se trouvent en possession desdits usages avant lesdites trente années, sous prétexte dudit tiers, seront tenus de représenter le titre de leur possession, par devant les commissaires à ce députés, pour, en connaissance de cause, y être pourvu;

Qu'au cas où lesdits seigneurs soient et demeurent maintenus dans ledit tiers, ne pourront ni eux ni leurs fermiers, user, comme les autres habitants, des biens communs et autres usages.

Le monarque ajoute : Pour traiter plus favorablement les communautés, nous les avons confirmées et

confirmons dans la possession et jouissance des usages et communs, et nous leur remettons le droit *de tiers*, qui nous appartient dans les usages et communs qui leur ont été concédés par les rois, nos prédécesseurs.

Louis XIV n'admet pas la prérogative féodale, et cependant il dispose comme seigneur suzerain; il était en présence du droit primitif des populations, il en proclame l'efficacité, mais il suppose qu'il découle de concessions de ses prédécesseurs.

Il remet son droit de tiers, et révoque le droit de tiers des seigneurs dans certains cas.

Cet édit excita des plaintes et des réclamations; il n'était que la transition qui devait conduire à une législation modifiée.

Quatrième Epoque.

Ordonnance de 1669, titre 25, des prés, landes, marais, pâtis et bois.

Par l'article 4, le monarque fait revivre, au profit des seigneurs, le droit de triage, aboli par l'édit, aux cas : 1.º De concession *gratuite* des seigneurs, c'est-à-dire, de concession sans aucune charge, corvée, redevance ou prestation, quelque légère qu'elle pût être; 2.º De suffisance des deux tiers, pour l'usage de la paroisse.

Hors ces deux cas, les seigneurs et les habitants devront jouir en *commun*, comme *auparavant*, sans triage, envoyant au pacage leurs bestiaux comme premiers habitants.

Par l'article 5, il est décidé que l'existence d'une concession onéreuse empêchera toute distraction au profit des seigneurs, qui jouiront seulement des usages et chauffages ainsi qu'il est ACCOUTUMÉ.

Les prestations, reconnaissances et corvées étant des droits naturels de la féodalité, laquelle consistait dans un contrat purement réel, puisqu'il aboutissait à la glèbe, qui était à la fois la base du fief servant pour les uns, et du fief dominant pour les autres, la concession des terres vagues était le complément de la concession primitive des terres cultivées, pour la fertilité desquelles elle intervenait. Voilà pourquoi l'édit de 1667 voulait que ces terres fussent *inséparablement* attachées aux habitations des cultivateurs. Ce contrat de concession était donc *réel*, et les communautés d'habitants n'étaient admises à le former, qu'en tant que collections de propriétaires du territoire composant les paroisses.

Il ne faut pas confondre le cantonnement avec le triage.

Le triage avait lieu lorsque les particuliers et les habitants avaient la propriété même d'une partie des landes, pâtis et bois, comme nous l'avons vu par l'ordonnance ; tandis que le cantonnement n'est applicable qu'aux droits d'usage à titre de servitude sur l'héritage d'autrui. [1]

Il faut distinguer le *parcours* ou la vaine pâture de la compascuité sur des terres vaines et vagues. Le parcours ou la vaine pâture consiste dans le pacage sur les héritages, après la dépouille ou l'enlèvement des premières herbes ou récoltes.

---

[1] Titre 24, art. 265 et 272 de la Coutume de Nevers. (*Bouhier*, sur la Coutume de Bourgogne, ch. 6, n. 52 et 76.

Si le parcours ou la vaine pâture est fondé en titre, il constitue une co-propriété par un mode de jouissance successive, improprement appelé servitude simple ou réciproque. Il ne peut cesser que par rachat.

Si le droit de parcours ou de vaine pâture n'est fondé que sur l'usage, ou la possession même immémoriale, il s'évanouit par l'exercice du droit de clôture.

Ainsi a été tranchée par la loi du 6 octobre 1791, et les articles 647, 648 du Code civil, l'opposition qui existait dans l'ancien droit entre les coutumes; on a adopté l'édit de 1771, rendu pour le Hainault et autres provinces du Nord.

Donc *triage* était la prérogative féodale, au cas où la propriété des vagues appartenait aux vassaux.

Le *cantonnement* était le droit de réduire à un canton, les usagers n'ayant qu'une servitude sur la chose d'autrui.

Le *rachat* était la faculté, pour la co-propriété la la plus considérable, de faire cesser la jouissance secondaire, moyennant indemnité de parcours et vaine pâture.

CHAPITRE III.

Ancien droit spécial de la Bretagne.

Lorsque cette province fut réunie à la couronne de France, elle perdit l'indépendance de souveraineté, mais elle conserva ses lois civiles, ses *franchises territoriales;* elle donnait ce nom même aux terres

vaines et *vagues*; on en voit la preuve dans l'article
10 de la loi du 27 août 1792. Le noble parlement
de Bretagne , après l'union politique , veilla à la
garde du droit réel Breton , qu'il défendit avec une
énergique puissance.

Les Bretons, peuples pasteurs, avaient un grand besoin de pâturages ; le mode de culture des anciens héritages , consistant dans l'*emblavement* sans jachères ,
de mêmes champs qui recevaient chaque année alter-
nativement le grain blanc et le grain noir, c'est-à-dire ,
blés et sarrasins, *rendait indispensable* le pâturage sur
de vastes terres incultes.

Par la prohibition de la loi municipale , on ne pouvait acquérir de droit *sans titre,* sur un terrain vague,
déclos; la longue tenue , la possession immémoriale
ne pouvaient former obstacle au droit imprescriptible
de clôture. *Diuturnus usus nil acquirit nec mille qui-
dem annis.* (1) Or, les seigneurs avaient la propriété
et possession exclusive des terres vaines , vagues et
décloses, dans l'enclave et le voisinage de leurs fiefs :
domini feudorum intra metas fundati sunt in dominio
*terrarum incultarum, desertarum vacantium et ina-
nium.* On invoqua vainement la prérogative du roi ,
considéré comme seigneur suzerain. On répondit que
le droit particulier, fondé sur la loi municipale , pré-
valait, *specialis præsumptio vincit generalem;* (2) que
l'union politique n'avait pas dérogé à la législation cou-
tumière. En effet, après avoir été rédigé par autorité
publique, vers 1330, le droit coutumier fut réformé

---

(1) Chapitre 254 de la très-ancienne coutume , art. 572 de l'ancienne, et
593 de la nouvelle.
(2) Hevin. Quest. féodales, p. 149.

en 1559 et 1580 , en vertu de lettres-patentes du roi ;
il avait donc parfaitement acquis force de loi de l'Etat. (¹)
On exceptait de la catégorie des terres vaines et vagues , les prairies fauchables. (²)

Le principe de la propriété exclusive des ci-devant
seigneurs, sur les terres vaines et vagues, fut d'ailleurs
confirmé *en Bretagne* par *déclarations royales*; (³) les
monarques se soumirent les premiers en Bretagne à ce
droit *spécial*; il résulte, en effet, de l'édit de 1566 (⁴)
et de l'édit du 10 janvier 1567, (⁵) que l'on ne devait
point comprendre dans les afféagements des domaines
du roi, les terres *vaines et vagues* des seigneurs particuliers.

En Bretagne, il ne pouvait exister aucun droit au
profit des communes , des communautés d'habitants et
des particuliers , sans *un titre* émané des seigneurs. (⁶)

Le simple *fait* de communer, admis dans les autres
provinces, comme constitutif d'un droit, était réputé
précaire et de tolérance ; le Conseil d'Etat avait re-
connu cette vérité dans ses arrêts des 18 août 1758 et
1ᵉʳ mai 1741 ; le premier contre les paroissiens de Po-
ligné , le second contre les paroissiens de Saint-Dona-
tien. Ces principes ne reçurent jamais d'atteinte : actes
de notoriété , avis de jurisconsultes , sentences , arrêts,
tout y était conforme.

(1) Principes du Droit, Duparc, t. 1, p. 500.
(2) Principes, t. 2, n. 544, p. 580.
(5) L'une de François 1.er, 18 décembre 1558, p. 580 de l'ancienne Coutume, in-4.º; l'autre de Charles IX, 10 janvier 1567 , p. 100 et suivantes.
(4) Rapporté par Sauvageau, liv. 1, ch. 156 , p. 127.
(5) Traité des Communes , p. 191.
(6) Mansuer, t. 6, n. 6, art. 25, grande Coutume, sur l'art. 285, t. 2, p.
227, n. 12. Principes du droit, t. 2, sect. 25, n. 559, 540. Acte de notoriété, du
16 avril 1756. Journal du Parlement, t. 5, p. 651.

Ainsi, en Bretagne, les communautés d'habitants qui n'avaient jamais eu le droit de disposer des terres vaines et vagues, n'eurent point à lutter contre leur aliénation; n'ayant jamais possédé, elles ne purent être dépouillées; elles ne purent *rentrer* avec ou sans formalité dans une possession quelconque. Les seigneurs qui avaient toujours été propriétaires, avec droit exclusif de faire des concessions, n'avaient pas à jouir comme premiers habitants. Voilà pourquoi l'édit et l'ordonnance furent sans application à la Bretagne, quant aux terres vaines et vagues.

Du droit de disposer conféré au seigneur, naissait pour eux :

1.º Le droit d'annexe ou la faculté d'incorporer à leur domaine privé, les terres vaines et vagues non nécessaires aux besoins des vassaux inféodés, de les planter en bois et avenues, de les mettre en culture et en valeur; alors elles se confondaient avec le domaine privé de la seigneurie à tous égards; elles subissaient ainsi une mise en valeur qui opérait transformation de fait et de droit par annexe ([1]).

2.º Le droit de *féage* ou d'afféagement, qui consistait à disposer de toutes les terres vaines et vagues qui n'étaient pas absolument indispensables aux besoins des vassaux inféodés du droit de communer, pour le pacage des bestiaux, qu'ils pouvaient nourrir en hiver, avec les fourrages des terres chaudes ou mises en valeur.

3.º Le droit d'*accensement*, qui consistait à détacher

([1]) Frain plaid. 159 Hevin, consul. 71. Sauvageau, liv. 1, ch. 97. Grande Coutume, notes sur l'art. 358, p. 651 *bis*, 17. Petite Coutume, art. 358, p. 233. Acte de notoriété, 6 avril 1756. Principes, t. 2, r. 20, p. 80.

des vagues, une partie quelconque, et à la concéder pour une prestation nommée *cens* ou *censie*, pourvu que cette disposition ne donnât pas atteinte au droit de communer.

4.º Le droit d'*arrentement*, qui consistait à bailler à rente une partie des terres vaines et vagues, à condition qu'il en restât encore assez pour subvenir aux besoins des vassaux inféodés du droit de communer.

5.º Le droit de *defais*, qui s'exerçait souvent au moyen d'une pure libéralité par laquelle le seigneur détachait de ses vagues un canton, une parcelle, pour en gratifier un individu quelconque ; ces defais ne devaient pas préjudicier au *droit* de communer.

6.º Le droit de pacage et coupage de landes et bruyères, conféré à titre de bail, soit aux muletiers, soit aux vassaux des seigneuries voisines, pourvu qu'il ne préjudiciât pas aux vassaux inféodés du droit de communer.

7.º L'*inféodation* du droit de communer, par lequel les seigneurs, *pour raison* des héritages possédés par leurs vassaux, avaient conféré le droit de faire pacager leurs bestiaux, de faucher les landes et bruyères, de couper les brosses, bois, buailles, de mottoyer dans les parties tourbeuses, de faucher les joncs, rouches, glayeux, dans les marais, etc. ; en un mot, de recueillir tous les produits spontanés du sol. Il fallait être propriétaire dans le fief, pour obtenir cette inféodation qui était rappelée dans les aveux et dénombrements, et qui était accordée à cause des héritages. Cette inféodation était tantôt gratuite, tantôt onéreuse. Elle pouvait être modifiée par la concession des terres qui *excédaient* les besoins des vassaux ; mais elle ne pouvait jamais être détruite. Tous les actes de dispositions des seigneurs étaient annulables, s'ils étaient préjudiciables au droit de communer, eu égard aux besoins des vassaux inféodés.

Ainsi l'*inféodation* était un droit réel, inhérent à la qualité de propriétaire dans le fief; son étendue se mesurait sur l'importance des propriétés de chaque vassal. Après une inféodation, les seigneurs ne pouvaient disposer que de ce qui était *inutile* aux vassaux.

La féodalité avait établi pour maxime : seigneur de paille vainc, et mange vassal d'acier (¹).

Vassal ne possède pas; il est possédé (²). Le droit de communer ne put être qualifié droit de co-propriété, puisqu'alors le vassal serait devenu l'égal du seigneur. On le qualifia droit de servitude, mais on le déclara pleinement efficace. (³) Le droit de communer si fortement constitué, résista à toutes les attaques; c'était un droit naturel primitif.

S'il avait triomphé des entreprises de la féodalité, il ne pouvait recevoir d'atteinte de l'abolition du régime féodal, faite dans l'intérêt des vassaux.

CHAPITRE IV.

Cinquième Epoque.

Effets de la destruction de la féodalité quant au droit commun et au droit particulier de la province.

DROIT COMMUN.

Décret du 15 mars 1790 : abolition du droit de

(¹) Duparc. Liv. 2, ch. 3, t. 2, n. 268, p. 192.
(²) Principes, liv. 2, t. 2, ch. 3, p. 73.
(³) Acte de notoriété, 6 avril 1756, t. 3, p. 761. Arrêt célèbre du 5 juin 1776. Journal du Parlement, t. 5, p. 763. Principes du droit, t 2. Des fiefs n. 549. Plus de trente arrêts postérieurs conformes.

triage.; révision des triages faits depuis trente ans; hors les cas prévus par l'ordonnance de 1669, titre 25; révocation des arrêts, actes et jugements contraires.

15 mai 1790 : déclaration de l'Assemblée nationale, qu'elle n'entend attribuer aucun droit nouveau aux communautés d'habitants, par son décret précédent, plaçant tous les possesseurs sous la protection de la loi.

15 septembre 1790 : déclaration que l'abolition du triage féodal n'a pas préjudicié aux actions en cantonnement, de la part des *propriétaires* contre les usagers.

15 avril 1791 : abolition du droit des seigneurs de s'approprier les terres vaines et vagues, à partir du 4 août 1789.

Déclaration que les ci-devant seigneurs pourront invoquer une possession exclusive, à titre de propriété, si elle a été publique et conforme aux coutumes, statuts et usages locaux, en vertu de titres indépendants de la justice seigneuriale.

Ainsi l'édifice de la féodalité avait été renversé en cette partie, avant l'apparition des décrets de 1792 et 1793, qui n'avaient plus qu'à déterminer les effets de la destruction féodale.

C'est ce qu'ils firent.

Tous les articles de la loi du 28 août 1792, moins l'article 10, se combinent avec la loi du 10 juin 1793, et, dans leurs dispositions générales, forment le droit commun de la France, sur les biens communaux; les principales dispositions de ces lois combinées se réduisent à quelques principes fondamentaux.

1.

Distinction entre les terrains productifs et les terres vaines et vagues.

2.

On entend par terrains productifs, les bois, les pâtures vives et grasses, les marais, même les terres laissées incultes par un motif de convenance, tel que l'occupation du gibier.

3.

A l'égard des terrains productiifs, les communautés d'habitants ou communes ont été obligées de prouver qu'elles avaient anciennement possédé à titre légitime, et qu'elles avaient été dépouillées par abus de puissance féodale.

4.

Elles n'ont été admises à revendiquer que ce qu'elles avaient possédé; si elles n'étaient qu'usagères, elles n'ont pu réclamer la propriété.

5.

Comme on n'abuse pas d'une puissance qu'on n'a point, elles devaient prouver que celui qui les avait dépouillées, était possesseur du fief territorial.

6.

Relativement aux terres vaines et vagues, au 4 août 1789, l'usurpation était présumée de plein droit contre le seigneur territorial.

7.

Cette présomption ne cédait qu'à la preuve contraire, qui était le titre de propriété indépendant de la justice seigneuriale.

8

Les actes intervenus entre le souverain et ses sujets, concernant les communaux, n'étaient pas atteints de la présomption d'abus, s'il n'avait pas agi comme seigneur suzerain.

9.

La seule possession du seigneur, sans titre légitime, ne suffisait pas.

10.

Les terres vagues, possédées par les particuliers, ne sont pas des communaux.

11.

Les divisions nouvelles de communes ne changent rien aux droits respectifs; c'est une convenance administrative.

12.

Action dans les cinq ans contre les ci-devant seigneurs, au cas de dépouillement des communes.

CHAPITRE V.

Nouveau droit de la Bretagne.

L'article 10 de la loi du 28 août 1792, forme le droit spécial de la Bretagne ; il est ainsi conçu : « Dans » les cinq départements qui composent la ci-devant » *province de Bretagne*, les terres actuellement vaines » et vagues, non *arrentées*, *afféagées* ou *accensées*, » connues sous les noms de communes, frostages, » frosts, FRANCHISES, gallois, etc., appartiendront EX- » CLUSIVEMENT, soit aux communes, soit aux habitants » des villages, soit aux *ci-devant vassaux*, qui sont » actuellement en possession *du droit de communer*, » mottoyer, couper landes, bois ou bruyères, pa- » cager ou mener leurs bestiaux dans lesdites terres, » situées *dans l'enclave* ou le voisinage des ci-devant » fiefs. »

Ainsi voilà la *spécialité* de la province bien marquée; voilà le *droit* de communer bien posé, comme condition de la *dévolution*, à ceux qui furent trouvés en possession, non du fait, mais *du droit*, au moment de la promulgation de la loi; voilà l'origine bien indiquée des terres vaines et vagues, véritables *franchises* de la Bretagne, placées dans l'enclave ou le voisinage des ci-devant fiefs. Or, nous avons vu que le droit de communer ne pouvait procéder que *d'un titre*, sans lequel il n'y avait point de possession caractérisée, point de possession efficace de *droit* et de *coutume*.

CHAPITRE VI.

Développement des conséquences de l'ancien et du nouveau droit breton.

Le législateur de 1792, à la vue du droit exceptionnel, s'arrête pour organiser dans la législation réformatrice, un système uniforme, afin de conserver l'harmonie des droits acquis.

Dans les autres provinces, le pacage *sans titre* était attributif de *droit*; dans celle-ci, il *était inutile.* Dans les autres provinces, les communautés d'habitants étaient *pouillées* sans investiture; dans celle-ci, l'investiture du droit de communer était indispensable. Ailleurs, les dispositions des seigneurs étaient contraires aux lois anciennes; ici, elles étaient conformes à la loi municipale. L'expérience avait prouvé que les premiers seigneurs avaient épuisé le *droit* qui aurait pu leur appartenir dans l'origine. En haine des entreprises de leurs successeurs, le législateur de 1792 et de 1793, voulait venger les communautés, des infractions de l'édit de 1667 et de l'ordonnance de 1669. En Bretagne, cet édit et cette ordonnance portaient à faux, en ce qui concerne les spécialités du droit breton : les seigneurs n'avaient donc pu abuser de leurs dispositions. Dans les autres provinces, les *titres* émanés des seigneurs, étaient regardés comme un abus de la puissance féodale; dans celle-ci, on ne pouvait obtenir de titre *valable*, quant aux terres vaines et vagues, que des seigneurs. Les concessions des seigneurs pouvaient dans la réalité n'être que la déclaration d'un droit préexistant : mais enfin elles étaient exigées par le droit des Bretons. C'est par ces motifs que le législateur nouveau, alors qu'il frappe d'anathème les titres, les arrêts même dans les autres provinces, les valide en Bretagne, dans l'intérêt de ceux qui invoquent soit *le droit de communer*, soit la qualité d'afféagiste, d'arrentataire ou d'accensitaire. Ces titres, dans leur rapport avec les inféodés ou concessionnaires, n'étaient réputés légitimes que parce que celui qui les avait conférés, *usait d'un droit* fondé sur la coutume.

Que ce droit ait dû être aboli pour l'*avenir*, comme ne convenant pas à un nouvel ordre politique, cela se conçoit; mais qu'il eût été détruit quant aux droits réalisés, au profit de ceux au préjudice desquels avait existé la féodalité, cela ne se pouvait concevoir, et c'est ce que le législateur n'a pas voulu.

Lorsque les communautés d'habitants ou les communes se sont présentées en Bretagne, avec la loi du 10 juin 1793, comme postérieure à la loi du 28 août 1792, on leur a répondu qu'il n'avait pas été dérogé par les généralités de cette deuxième loi, aux spécialités de l'article 10 de la première; que les commu-

nautés et communes qui n'avaient pas de titres d'inféodation en Bretagne, n'ayant aucun droit ni en 1667, ni en
1669, ni en 1792, n'avaient pu être dépouillées de ce
qu'elles ne possédaient pas, ni éprouver la perte d'un droit
appartenant à autrui, c'est-à-dire, à ceux qui étaient
inféodés; que les généralités des deux décrets étaient
de *réintégration*, et qu'il n'était pas possible de les
réintégrer dans des droits qu'elles n'eurent jamais.
Aussi dans le concours des vassaux avec les communautés
d'habitants, destitués d'inféodation, les tribunaux
bretons n'ont pas hésité.

Depuis quinze ans, on compte en Bretagne plus de
cent jugements et plus de trente arrêts de la Cour
royale qui ont uniformément et constamment décidé
que la transformation du droit de communer en droit
de propriété, n'avait lieu qu'en faveur des *inféodés*.
Une seule commune osa se pourvoir, et la Cour suprême repoussa ses prétentions, en décidant qu'il n'a
point été dérogé au droit spécial de la Bretagne, par
l'article 1.er de la section 4 de la loi du 10 juin 1793. (1)

Comme l'inféodation du droit de communer en Bretagne, était accordée au propriétaire d'un héritage,
formant le fief servant ou domaine utile, pour cause
de cet héritage, et à raison de l'aveu des terres du
vassal, par le seigneur du fief dominant, duquel il
relevait, les jugements et arrêts cités ont ordonné le
partage entre les vassaux inféodés : *pro modo jugerum*,
c'est-à-dire, au marc le franc de la contribution foncière, des anciens héritages possédés dans chacun des
ci-devant fiefs. Tous les aveux portant que c'était pour

(1) Voir l'arrêt du 25 avril 1827, rapporté par Sirey, t. 27, première partie,
394. Denevers, t. 27, première partie, p. 215

le pacage des bestiaux et l'amélioration des terres, que
le droit de communer existait, il fallait bien que celui
qui avait plus de besoin eût plus de terrain; la transformation prononcée par l'article 10 de la loi du 28
août, ne pouvait atténuer le droit transformé par le
fait de l'abolition de la directe seigneurie, ou mouvance; c'était un affranchissement qui laissait la chose
à chacun des inféodés, avec l'étendue de l'inféodation,
sur toutes les terres vagues qui en étaient l'objet.

Le bienfait de la loi ne pouvait être dommageable :
beneficium legis nemini debet esse damnosum. Si la loi
du 10 juin 1793 elle-même avait dit qu'elle n'entendait pas préjudicier aux droits des communes, elle
avait dit aussi que par *aucune* de ses dispositions, elle
n'avait entendu préjudicier aux *droits des vassaux*,
ni conférer aucun droit nouveau aux communautés [1].

L'avis du Conseil d'Etat du 30 pluviose an XIII, déclare que l'abolition de la féodalité a eu lieu *au profit
des vassaux*; c'était sur eux qu'elle pesait. La féodalité se reposait sur la glèbe; elle n'était ni mobiliaire
ni personnelle; aussi la Cour suprême a décidé constamment « qu'il résulte de l'ensemble des dispositions
» des lois abolitives, que l'esprit général de ces lois n'a
» pas été de troubler les *possesseurs-paisibles* et parti-
» culiers, mais seulement de réprimer les abus et les
» usurpations de la puissance féodale; [2] que la sup-
» pression du régime féodal a eu pour objet l'*affran-
» chissement* des propriétés; que ces lois n'ont été faites
» qu'en faveur des *propriétaires* des terres, et non au
» profit des fermiers emphitéotes, et autres possesseurs

---

(1) Art. 7 de la loi du 15 mai 1790; art. 11, sect. 4, de la loi du 10 juin 1793.
(2) Arrêt du 10 nivose an XIV. Sirey, t. 6, p. 52.

» à titre précaire; (¹) enfin que la loi du 10 juin 1793
» n'attribue aux communes aucun droit nouveau. (²)
» C'est pourquoi elle ne fait que *réintégrer* les com-
» munes dans la propriété et possession des seuls
» biens dont elles auraient pu être dépouillées, par
» abus de puissance féodale, et non dans des droits
» plus étendus que ceux qu'elles avaient avant l'abo-
» lition de la féodalité. (³) » Ainsi l'*affranchissement*
profite au propriétaire de l'immeuble affranchi, qui
est le ci-devant vassal.

Voilà l'issue des luttes qu'elles ont eues contre les
ci-devant seigneurs, dans les provinces autres que la
Bretagne. Elles ne peuvent rien demander aux ci-devant vassaux Bretons qui exerçaient *leur droit de communer*, à l'exclusion de toutes communautés qui
n'étaient pas inféodées.

Les droits qui ont résisté à la puissance féodale, qui
ont été légalement consolidés par la législation abolitive
de cette puissance, en 1792, solennellement proclamés
par les tribunaux, seront rendus *utiles*.

On ne peut donc les méconnaître, par une loi d'encouragement au progrès de l'agriculture.

Les afféagistes, arrentataires, accensitaires, furent
traités favorablement par l'article 10 de la loi du 28
août 1792. Ils étaient les ayants cause des seigneurs, à la
différence des ci-devant vassaux inféodés, qui avaient
un droit préexistant à la féodalité même qui l'avait asservi et atténué. Le plus souvent, les féages, arrente-

(1) Arrêt du 16 août 1809. Sirey, t. 10, p. 8.
(2) Arrêt du 4 septembre 1809. Sirey, t. 10, p. 15.
(3) Arrêt du 14 janvier 1811. Sirey, t. 11, p. 213; 8 avril 1814. Sirey, t. 15, p. 241.

ments et accensements étaient abusifs, en donnant
atteinte au droit de communer; et l'on compte un
grand nombre d'arrêts du Parlement qui en ont prononcé la nullité, comme préjudiciables aux ci-devant
vassaux. Souvent ces féages, arrentements et accensements, étaient accompagnés d'une condition de mise
en valeur, qui n'était presque jamais accomplie dans le
délai fixé. Ces actes étaient soumis à l'appropriement.
On aurait pu, en 1792, déclarer que l'on n'entendait
considérer comme afféagées, arrentées et accensées,
que les terres qui avaient été l'objet de féages, accensements et arrentements *valables*, dans la forme, *non*
préjudiciables au fond, suivies d'exécution des conditions imposées; c'est-à-dire, de possession conforme
ou tout au moins d'appropriement, un acte nul ou
séparé de ses conditions d'existence étant censé ne pas
exister, et ne devant pas produire d'EFFETS. On passa
par-dessus toutes ces considérations; on ne voulut pas
entrer dans l'examen des actes; on vit dans le fait seul
d'afféagement, d'accensement ou d'arrentement, qui
était quelquefois accompagné d'un paiement de quelques deniers d'entrée, l'acquisition du domaine utile,
opérant arroturement, et pouvant conduire à une mise
à profit dans l'intérêt de l'agriculture. Il n'en fallut
pas davantage.

S'il y avait concours d'afféagistes, accensitaires et arrentataires, pour le même terrain, la question de préférence dépendrait entre eux de la validité du titre, de
l'appropriement de la possession. Il faudrait bien alors
rentrer dans l'examen dont le législateur s'est dispensé:
mais, hors ce cas, l'acte d'afféagement, valable comme
acte, suffit et contre les ci-devant seigneurs qui n'ont
conservé aucun droit, qui seraient d'ailleurs non re-

cevables à contester leur propre titre, et contre les
communautés d'habitants non inféodés, qui n'en eurent
jamais, et contre tous inféodés non possesseurs.

Comme c'est la même chose de n'avoir point de titre
ou de n'en pas faire usage, les afféagistes, arrentataires
ou accensitaires qui n'ont pas possédé ou qui ont cessé
de posséder, restent exposés aux effets de la prescription, si une ou plusieurs personnes ont possédé à leur
exclusion, aux conditions déterminées par les lois anciennes et nouvelles, le terrain afféagé, accensé ou
arrenté; mais il faut une possession *animo domini* bien
caractérisée.

Tout possesseur étant réputé propriétaire jusqu'à
preuve contraire, l'afféagiste, arrentataire ou accensitaire qui agit en revendication, reste soumis à la
preuve contre les tiers d'un titre opposable *aux tiers*;
et pour cela il doit justifier l'efficacité de son titre, par
l'appropriement ou par une possession conforme, sup-
plétive de l'appropriement.

Quant au droit de communer, le législateur de 1792
a prononcé, par voie d'exclusion *de tous*, au profit de
ceux qui étaient *en possession de ce droit*, au moment
de la promulgation de *la loi*. Il n'a excepté que les
terres afféagées, accensées et *arrentées*, objet d'une
possession particulière qu'il a supposé exister au profit
des afféagistes, arrentataires et accensitaires.

Après avoir manifesté l'intention de ne pas vouloir
troubler les possesseurs particuliers, qu'il plaçait sous
l'égide des lois, il devait respecter le droit de *communer*, et le maintenir; sinon, avec une plus grande faveur que celui des divers concessionnaires ayants cause
du seigneur, du moins avec une faveur égale; c'est ce
qu'il fit : il n'exige que la possession *du droit* de com-

muner, pour proclamer la propriété *exclusive* des terres sur lesquelles s'exerçait ce droit de communer.

Ainsi exclus, les ci-devant seigneurs ne conservèrent aucun droit à ces terres vaines et vagues; le législateur savait qu'ils avaient des domaines privés dans leur fief, qui provenaient, soit d'anciennes incorporations formées avec les vagues, soit d'acquisitions de leurs vassaux, soit de retraits féodaux, soit de commises et confiscations féodales, soit de déshérences : mais il ne voulait pas qu'ils reprissent en partie, ce qu'ils avaient perdu *en totalité*. Ce domaine privé n'avait pas empêché le droit de communer, de s'exercer sur tous les vagues qui étaient en dehors des incorporations anciennes; il n'avait apporté aucune diminution aux charges de la vassalité; il n'avait pas détruit l'enclave et les prérogatives féodales; il n'avait pas arroturé le domaine fieffé par sa base. Les seigneurs, à raison de leurs domaines privés, ne peuvent donc participer au droit de *communer*.

Mais tout ce qui avait été annexé au domaine privé bien ou mal clos, tout ce qui avait été incorporé à des exploitations particulières de ce domaine privé, tout ce qui était entré dans la composition des métairies, des fermes, comme articles, comme dépendances de ces métairies, de ces fermes, ne faisait plus partie des terres *vaines et vagues*, si l'incorporation était prouvée par des actes authentiques, remontant à plus de quarante ans antérieurs au 4 août 1789. Le domaine privé ainsi formé, ne conférait, au 28 août 1792, aucune participation au droit de communer; mais aussi il devait être respecté comme *domaine privé* : il y aurait de la témérité à soutenir le contraire; l'article 10 de la loi du 28 août n'a dépouillé les ci-devant seigneurs

Bretons, que du droit sur les terres à la fois vaines et vagues proprement *dites.*

Les acquéreurs de ce ci-devant domaine privé, participent-ils au bénéfice du droit de communer, et doivent-ils concourir au partage?

Il faut distinguer si ces acquisitions, précédant la loi du 28 août 1792, ont été réduites au domaine utile, sans aliénation *partielle* de la mouvance. Dans ce cas, le domaine privé a été arroturé, et le principe de fief purgé; les acquéreurs doivent donc participer à la dévolution, car ils étaient *vassaux* et pouvaient être inféodés.

Si elles ont suivi, le domaine privé était réduit aux objets d'incorporation, et le seigneur ne pouvait indirectement conférer par vente, un droit qu'il n'avait *plus* alors.

Que doit-on penser des effets des aliénations nationales après confiscation, dans lesquelles on aurait compris un droit quelconque sur les landes?

Il faut reconnaître que la nation n'a pu confisquer que par erreur un droit qui avait cessé d'appartenir aux seigneurs émigrés; elle ne pouvait transmettre ce qui n'appartenait plus à ces seigneurs. Mais cependant l'inviolabilité attachée par des lois spéciales aux ventes nationales, quant à l'aliénation de la chose d'autrui comprise par erreur, ne laisse qu'une action en indemnité *contre l'Etat*, sauf la prescription.

Après l'exclusion absolue des communautés d'habitants, formant des communes ou sections de commune, à défaut de justification de la possession *du droit de communer*, peuvent-elles demander, au moment de l'exercice du droit de clôture, de la part de plusieurs des ci-devant vassaux ou d'un seul, ayant *cette possession du droit de communer* au 28 août 1792, un cantonnement ou une réduction, pour profiter de ce qui excéderait largement les besoins de ces vassaux ?

La réponse à cette question est facile :

1.º Les communes exclues par la loi n'ont aucun droit ; conséquemment elles sont sans qualité, pour proposer la réduction du droit d'autrui.

2.º Pour qu'elles pussent ainsi exercer un cantonnement, il faudrait qu'elles fussent co-propriétaires, et elles ne le sont pas.

5.º Le droit de communer n'est modifié que par les féages, arrentements ou accensements ; on l'a démontré. Si elles n'ont pas un acte de cette nature, elles n'ont rien à prétendre.

4.º La destruction de la féodalité ayant été un affranchissement au profit des vassaux inféodés, n'a pu profiter qu'à eux.

5.º Toutes les dispositions en faveur des communautés, aboutissent à une réintégration dans les seuls objets anciennement possédés par ces *communautés*, sans qu'elles puissent réclamer ce qu'elles n'avaient pas avant la destruction du régime féodal ; donc ces communautés ne peuvent rien réclamer, sans titre, contre la ci-devant vassalité inféodée.

6.º L'article 10 de la loi du 28 août 1792 forme à lui seul une législation à laquelle il n'a point été dérogé par les lois postérieures ; cet article n'admet nulle autre possession que celle fondée en titre.

7.º Le droit de communer s'exerçait sur tous les vagues et sur chaque partie ; chaque vassal avait : *totum in toto et in qualibet parte* ; le seigneur seul pouvait, par une prérogative féodale, en resserrer les effets. Cette prérogative a cessé par l'affranchissement au profit de la chose-affranchie.

8.º C'était le seul concours des afféagistes, arrentataires, accensitaires et inféodés, qui pouvait diminuer les parts, par la raison qu'ils avaient *jus in re*. Or, le défaut de concours laisse le droit primitif avec ses avantages non atténués : *partes concursu tantum fiunt* ; revient donc toujours le droit de concourir à la chose, pour fractionner comme partie prenante, pour demander des réductions ; qu'un associé, qu'un co-intéressé, s'abstienne d'exercer ses droits, un étranger ne peut s'en prévaloir ; l'associé qui exerce ces droits, peut être comptable envers ses co-intéressés, ou ses co-associés, quand ils se présenteront : mais aucun individu étranger, aucune collection d'individus étrangers n'a droit à la chose commune dont elle est exclue. La réunion de plusieurs individus sans droit, agissant collectivement, ne confère pas un droit nouveau : le néant de droit n'équivaut pas à l'existence exigée par la raison et la loi ; ainsi chaque vassal *jure non decrescendi*, conserve ce qui ne lui est pas demandé par les autres individus ayant un droit égal au sien.

9.º Le droit territorial des communes ne fait pas cesser le droit de propriété des terres inféodées, composant le territoire. Si le droit territorial des paroisses avait dispensé les communautés bretonnes de la nécessité d'une inféodation, comment le droit territorial de la province aurait-il pu les y assujettir pendant tant de siècles ?... Pourquoi l'article 10 de la loi du 28 août 1792, aurait-il adopté le même principe ? Un terrain cesse-t-il d'être possédé légalement, parce que les possesseurs sont moins nombreux qu'ils auraient pu l'être ? Aura-t-on le droit de dire à des propriétaires : Les produits de vos domaines sont trop considérables; ou : ces domaines sont trop étendus? Non sans doute, tant que le droit de propriété subsistera parmi les hommes.

3

10.° Enfin, les limites des ci-devant fiefs formant leur enclave, étaient indépendantes des limites des paroisses. Le droit territorial des fiefs n'avait rien de commun avec les circonscriptions des paroisses. Le droit de s'approprier les terres vaines et vagues, par l'enclave féodale, ayant été *supprimé* par les lois abolitives, n'a pu être transmis aux communes ; car un droit supprimé n'est transmissible à personne ; la suppression est le néant. Puis le droit territorial des fiefs, quant à l'enclave, n'étant pas le même que le droit territorial des paroisses, il n'y a pas lieu à une équivoque capable de colorer un sophisme. Grande serait la méprise de ceux qui auraient cru le contraire.

Si *tous* les ci-devant vassaux abdiquaient volontairement leurs droits de propriété, ou négligeaient de les exercer, soit parce que les charges de la propriété leur paraîtraient onéreuses, soit parce que, après une loi régulatrice de la mise en valeur, ils ne voudraient pas l'opérer, il y aurait alors, mais alors seulement, *déshérence*, et l'on trouverait au sein d'une commune, un emplacement vacant sans maître et sans possession particulière. La communauté pourrait être admise à appréhender ce qui aurait été ainsi délaissé et abandonné, et c'est le cas d'appliquer la maxime *res pro derelicto, primo occupanti*.

Si les véritables inféodés dédaignant les avantages de la propriété, ou trouvant inconvénient à les faire valoir contre *un tiers* qui aurait entrepris de les contester, renonçaient à exercer des droits de propriété, ou même simplement des droits d'usage par action *ut singuli*, et investissaient la commune du droit de les exercer *ut universi*, dans l'intérêt de la collection générale des propriétaires, en armant cette

commune de leurs propres titres, on conçoit que le
tiers ainsi attaqué, du chef des propriétaires, avec le
droit et le titre de ces derniers, aurait à subir les conséquences de ce même droit, de ce même titre, non par
la force des prétentions de la commune qui n'en aurait
pas, mais par la volonté de ces propriétaires qui l'auraient investie volontairement de leurs droits. Dans ce
cas, la commune, loin de contester l'existence des
droits des vassaux, s'en prévaudrait contre celui qui
les méconnaîtrait. Elle pourrait profiter d'un avantage
qui lui serait volontairement conféré, car elle n'est pas
incapable d'acquérir; et le tiers ne serait pas fondé à
se plaindre de cet acte de générosité, pourvu qu'il ne
donnât pas atteinte à son droit.

Comme en Bretagne tous les héritages étaient sous le
fief d'un seigneur *ou du roi*, puisqu'il n'y avait point
de franc aleu, (1) lorsqu'aucun seigneur n'avait de
proche fief ou de mouvance sur *un terrain* vague, il
était principalement connu sous la dénomination de
bien herme ou *vacant;* il appartenait au roi, qui pouvait
l'inféoder ou le concéder à quelque titre que ce fût; et
alors les droits acquis étaient chose stable pour les vassaux. Mais à défaut de concession ou de soumission au
droit de communer, à l'époque de la promulgation de
la loi du 28 août 1792, ce terrain vague et vacant res-
tait à l'Etat. Voilà pourquoi l'article 11 de cette loi
dit, en se référant à l'article 10, *spécial* pour la Bretagne, et à l'article 9, *général* pour le reste de la
France : « Que celles des terres mentionnées dans les
» deux articles précédents, qui ne *se trouveront pas*
» *circonscrites* dans le territoire particulier d'une com-

(1) Art. 528 Duparc, t. 2, liv. 2, ch. 5, n. 6, p. 75.

» *mune* ou d'une *ci-devant seigneurie*, sont CENSÉES ap-
» partenir à la nation, sans préjudice des droits que
» les communautés ou les particuliers pourraient y
» avoir acquis, et qu'ils sont tenus de justifier par
» titres ou par possession de quarante ans alors. »

En effet, le droit commun, hors de la *province* de
Bretagne, fondait, pour les paroisses, un droit sur la
seule possession, comme nous l'avons démontré, et
comme le dit l'article 9. Il fallait bien admettre la possession de quarante ans, même contre les prétentions
de la nation. Mais le droit spécial de la Bretagne, qui
attribuait aux seigneurs de fiefs, les terres vagues dans
la circonscription de leurs seigneuries, excluait les
prétentions du roi sur ces terres renfermées dans le
territoire *de ces seigneuries*. Conséquemment la nation
qui aurait succédé en cette partie au droit du roi, n'en
peut prétendre dans les lieux où le roi n'en avait pas
lui-même : rien n'est plus évident. Le législateur, après
avoir dit, dans l'article 10, que les terres vaines et vagues appartiendront exclusivement aux inféodés du
droit de communer, n'avait garde d'ébranler une propriété qu'il venait de fixer d'une manière immuable
sur la base de l'ancien droit. Aussi, depuis 1792 jusqu'à
ce jour, toutes les terres vaines et vagues dés ci-devant
fiefs des seigneurs, ont elles été possédées à l'exclusion
de *l'Etat*, à titre de propriété, soit divisément, soit
par indivis entre les co-propriétaires. La *prescription*
serait d'ailleurs aujourd'hui acquise (article 2227).

Apparemment que les tribunaux chargés d'apprécier
les prétentions de l'Etat, comme celles des particuliers, resteraient investis du pouvoir d'apprécier les
droits de propriété qui seraient contestés.

Apparemment que la loi est claire, et qu'ainsi elle

n'a pas d'interprétation à recevoir. Mais eût-elle été obscure, ce n'est pas après quarante-cinq ans de possession, qui en ont affermi le sens et les effets au profit des possesseurs, qu'une expropriation pourrait s'opérer par voie interprétative. Le pouvoir judiciaire peut donc seul *décider* des prétentions du domaine, s'il en osait élever.

Quelques personnes ont pensé que l'on pouvait, sans inconvénient, régler les proportions du partage, entre les représentants des ci-devant vassaux, sur la contribution particulière de chacun, aux rentes et prestations féodales.

Il n'en est pas ainsi.

1.° Il faut, avant tout, se rappeler que ces rentes et prestations étaient des devoirs *accidentels* de la féodalité, qui variaient à l'infini; car ils n'avaient d'autre fondement que la convention entre le seigneur et le vassal. 2.° Il faut rechercher si le droit aux landes est attaché seulement à la rente, ou s'il est lié à la fois aux héritages et aux autres rentes assises sur ces héritages. 5.° Il faut examiner, en outre, si la rente féodale à laquelle on suppose que le droit de communer fut attaché, était indépendante des rentes assises sur divers héritages. 4.° Il faut s'assurer si la rente supposée être d'inféodation, se percevait uniformément contre tous les vassaux ou seulement contre une seule classe. 5.° Enfin s'il existe des inféodations du droit de communer dans le même fief, reposant sur d'autres bases.

L'article 10 de la loi du 28 août 1792 n'a fait aucune distinction entre les diverses inféodations onéreuses ou gratuites : elle les a toutes déclarées également efficaces. Mais comme l'inféodation du droit de communer présupposait toujours un domaine utile, à l'amélioration

duquel elles devaient servir, il y a nécessité de considérer, pour la division entre les vassaux, l'étendue des
besoins respectifs, fondés sur l'importance du revenu,
sans égard aux usines, aux édifices étrangers aux
exploitations rurales.

Un droit aux landes, qui serait attaché exclusivement
aux rentes et prestations, ne serait pas une inféodation
proprement dite du droit de communer, mais une
sorte d'*arrentement*.

Il suffirait que, parmi les inféodations du droit de
communer dans un même fief, il en existât une seule
qui ne fût pas attachée à la rente, pour qu'on ne pût
prendre cette rente pour règle de la division.

Au reste, il n'était pas rare que dans un fief il y eût
des inféodations différentes *par canton*. Dans ce cas, il
est indispensable de parquer chaque inféodation, dis-
tincte dans ses limites, et de n'admettre à concourir
dans les divers périmètres d'inféodation, que les personnes de même condition, c'est-à-dire, les véritables
consorts.

A plus forte raison, les ci-devant vassaux d'un fief
ne peuvent-ils jamais concourir avec les ci-devant vassaux d'un autre fief. Leurs inféodations sont étrangères
les unes aux autres; il faut donc commencer par séparer les fiefs par une première division.

Au surplus, les partages se font par attribution; ce
n'est pas seulement la conséquence nécessaire de l'iné-
galité des droits respectifs, mais c'est aussi le résultat
des besoins de culture. Il en résulte alors un accrois-
sement des anciens héritages cultivés, qui sont plus
rapprochés des chefs-lieux d'exploitation.

Si des afféagistes, arrentataires ou accensitaires se
présentent pour concourir au bénéfice du droit de
communer, doit-on les admettre ?

Il faut distinguer si leurs titres étaient antérieurs de quarante ans à la loi du 28 août 1792 ; et s'ils avaient rendu aveu portant inféodation du droit de communer, il n'est pas douteux qu'ils auraient pu être dans ce cas en possession de ce droit, à l'époque de la loi du 28 août 1792.

Si les afféagements, arrentements ou accensements avaient moins de quarante ans ; s'ils n'étaient pas compris dans un aveu, soit expressément, soit par incorporation à un ancien domaine inféodé ; s'ils n'avaient subi aucune mise en valeur qui pût faire naître le besoin de participer au droit de communer : dans ces cas, les afféagistes, arrentataires ou accensitaires nouveaux, ne pourraient être considérés comme consorts des ci-devant vassaux inféodés du droit de communer ; conséquemment on ne devrait pas les admettre à participer au partage.

En Bretagne, une très-grande partie des terres vaines et vagues sont maintenant partagées ; beaucoup sont closes et cultivées ; chaque situation s'est dessinée. Des possessions conformes aux titres divers, ont consolidé le droit de propriété. Les communes ont imposé ou dû imposer au rôle de la contribution foncière, comme propriétaires, les afféagistes, arrentataires, accensitaires, et les ci-devant vassaux qui ont usé de leurs droits. Des communes qui avaient fait abattre des arbres sur ces possessions particulières, en ont payé le prix ; les possessions sont depuis longtemps paisibles et respectées ; mais des débats nouveaux naissent précisément des partages, des clôtures et des mises en valeur.

Des propriétés auxquelles était attaché le droit de communer ont été aliénées.

1.° Ou l'aliénation est *antérieure*, ou elle est *postérieure* à la loi du 28 août 1792 ;

2.° Ou les actes contiennent transmission expresse du droit, ou ils sont muets ;

5.° Ou ils ont été vendus volontairement, ou bien ils ont été adjugés forcément ;

4.° Ou ils ont été vendus en totalité ou par parties ;

5.° Ou les aliénations partielles sont limitatives, ou elles sont simplement démonstratives;

6.° Ou l'intention de comprendre le droit aux landes est évidente par les énonciations de l'acte, ou elle ne l'est pas ;

7.° Ou il existe des réserves, ou il n'en existe pas.

Au *premier cas* : si l'aliénation d'une propriété inféodée du droit de communer est antérieure au 28 août 1792, le bénéfice de ce droit appartient de plein *droit* à l'acquéreur; si l'aliénation est postérieure, la transmission doit résulter de la nature des stipulations et des circonstances.

Au *deuxième cas* : si la transmission du droit aux landes est exprimée d'une manière quelconque, ce droit fait partie de la vente ; si l'acte est muet, il y est encore compris, s'il s'agit d'une propriété entière, d'un corps de ferme, d'une métairie ou d'exploitation quelconque, pour laquelle le propriétaire ou le fermier exerçait les actes constitutifs du droit de communer, comme le pacage et le fauchage, pourvu que cette propriété, ce corps de ferme, cette métairie, cette exploitation aient été vendus tels qu'en *jouissait le fermier, le propriétaire ou l'usufruitier*, le droit aux vagues en fait encore partie.

Au *troisième cas :* si l'aliénation a été faite par expropriation forcée, il n'y a d'aliéné que ce qui a été expressément compris dans le procès-verbal de *saisie* ; si le droit aux landes n'a pas été saisi, il ne doit pas être réputé vendu.

Au *quatrième cas* : si l'on a vendu *tout* ce qui se trouve dans telle commune, dans tel village ou tenue, et que les terres vagues soient situées dans cette commune et ce village, ou cette tenue, le droit aux terres est compris; si, au contraire, on n'a vendu que des parcelles déterminées par contenance, débornement ou situation, le droit aux landes n'y est pas compris.

Au *cinquième cas* : si les aliénations partielles, au lieu d'être limitatives, étaient accompagnées d'énonciations démonstratives, de la transmission des *avantages de situations*, des *accessoires*, *circonstances* et *dépendances* des objets vendus, sans que le vendeur eût conservé une partie quelconque des héritages, qui pût faire présumer l'intention de réserver le droit de communer, il ne resterait qu'à expliquer le contrat par le mode de possession qui l'a suivi immédiatement : la possession alors fixerait le véritable sens du titre.

Au *sixième cas* : si l'intention de comprendre le droit aux landes est évidente, par des clauses même indirectes, comme celle de payer tous les impôts du vendeur, dont une partie porterait sur les terres vagues, comme la déclaration de vendre tout ce qui appartient au vendeur dans la localité, ou tout ce qui lui est échu de telle succession, ou tout ce qui lui appartient comme acquéreur de telle personne qui aurait été investie du droit de communer, l'acquéreur en serait propriétaire.

Au *septième cas* : s'il existe des réserves pour divers objets, et que le droit aux landes ne soit pas réservé, on pourra conclure que ce qui n'a pas été réservé, a été vendu.

Ce qui est dit du contrat de vente, s'applique aux contrats d'échange et de partage.

S'il résulte de la transmission du droit aux landes, une *lésion* donnant lieu à rescision , cette action rentre dans les termes ordinaires du droit, et d'après la nature des contrats.

Il est évident que le plus grand nombre de ces difficultés cesseraient, s'il y avait eu clôture d'une partie des landes; car cet objet formerait un article *indépendant* des autres. Il faudrait alors une énonciation particulière, ou une transmission sans réserve de toute la propriété, pour qu'il fùt compris dans le contrat.

Les règles concernant les contrats translatifs et déclaratifs de propriété, s'appliquent aux baux pour leur durée, quand il s'agit de savoir si le droit aux landes s'y trouve compris.

Il y a entre les inféodés des ci-devant fiefs, quelques embarras pour séparer les limites respectives ; et il y a entre les inféodés du même fief, d'autres embarras sur la contrariété des titres. Il faut puiser les motifs de décision à la source de l'ancien droit.

Combat de Fiefs.

Si les aveux, dénués de possession, avaient été rendus à un seigneur étranger, ils seraient sans force.

Si les aveux avec les *circonscriptions et limites* parfaites, se croisent ou chevauchent, il faut donner la préférence aux plus réguliers, pourvu qu'ils aient été accompagnés de possession conforme : *jura metimur à possessione.*

Les aveux, destitués de possession ou combattus par une possession contraire, sont réputés impunis: c'est la possession conforme, *fait extérieur*, qui les rend opposables aux tiers.

Toutes choses égales , d'ailleurs , s'il y a conformité d'aveux , rendus à un seigneur supérieur , avec proche mouvance , ils prévalent.

S'il y a eu acte spécial d'un seigneur inférieur , envers le supérieur ou le seigneur voisin , pour tracer des *limites* de fiefs , cet acte spécial prouve qu'on a eu à prévenir des tentatives d'usurpation ancienne , ou à rectifier des erreurs : cet acte spécial mérite une grande confiance.

Si les féages , arrentements ou accensements d'un seigneur , sont en opposition avec les limites qu'il a fait supposer à son fief , par son vassal , elles sont suspectes : ces limites *presumuntur à non vero vassalo ad non verum dominum.*

Le possesseur de plusieurs fiefs ne pouvait pas conférer aux vassaux de l'un de ces fiefs, des inféodations sur l'autre : il ne pouvait qu'affermer le pacage superflu.

On sait que le droit de conférer des inféodations appartenait au possesseur du proche fief , inféodé lui-même envers le seigneur supérieur ; lorsque le possesseur d'un fief ainsi inféodé , faisait des aliénations partielles de sa mouvance , il stipulait souvent l'obéissance à son profit, et il en résultait autant d'arrière-fiefs ; mais ces aliénations ne pouvaient préjudicier aux droits des vassaux inféodés; de sorte que les détenteurs dans l'arrière-fief participaient aux droits de communer avec les autres.

Les aveux sans débornements exprimés , s'étendent aux vagues de la juridiction; ils ont pour limites celles du fief. La possession du droit de communer n'en est pas moins efficace que si les limites étaient tracées dans le titre.

Si les aveux des ci-devant vassaux de la même sei-

gneurie sont contraires, la possession la mieux caractérisée décide de la préférence, toutes choses égales.

Si les uns contiennent une inféodation générale, et
les autres une inféodation spéciale sur un terrain déterminé, les premiers s'étendent au *tout* ; les derniers
ne s'étendent qu'à la partie du *tout* qu'ils indiquent.

Les délimitations des paroisses n'avaient rien de
commun avec les fiefs qui formaient un territoire particulier, une circonscription féodale indépendante.

Il ne faut pas confondre le domaine féodal avec le
domaine, soit noble, soit roturier, ni avec le domaine
privé de la seigneurie.

On reconnaissait, en Bretagne, plusieurs espèces de
domaines :

    1.º Le domaine féodal ;

    2.º Le domaine noble ;

    3.º Le domaine roturier ;

    4.º Le domaine privé de la seigneurie.

§. 1.ᵉʳ *Domaine féodal.*

Le domaine féodal ou la tenue féodale, constituant
la directe seigneurie ou mouvance, n'était autre chose
qu'un droit *réel incorporel*, nommé *féodalité*, qui se
défendait par sa juridiction, et se conservait par l'im-
prescriptibilité du lien de foi entre le ci-devant seigneur et ses ci-devant vassaux.

La féodalité avait des droits de trois espèces :

1.º Droits *substantiels* ou essentiels et constitutifs :

    Rétention de la directe ;

    Obéissance au profit du seigneur ;

    Lien de foi entre le seigneur et le vassal.

2.º Droits naturels qui avaient lieu par la force de la
coutume :

L'aveu et le dénombrement;

Les lots et ventes ;

Le retrait féodal ;

La suite de moulin ;

Les aides coutumières.

5.° Les droits accidentels :

Ces droits consistaient dans les conditions et les clauses de la concession ou de l'investiture primitive que reproduisent les aveux.

Voilà le principe de fief.

§. 2. *Domaine noble.*

Les héritages et autres droits réels étaient nobles ou roturiers, selon qu'ils étaient tenus noblement ou roturièrement du seigneur dont ils relevaient : tout droit féodal était noble, mais tout droit noble n'était pas féodal. Un roturier pouvait avoir et avait très-souvent des fiefs; à plus forte raison, il pouvait posséder des héritages nobles, et les roturiers en possédaient beaucoup ; le noble possédait aussi des héritages roturiers : tout cela était le résultat des aliénations permises. [1]

Le domaine noble n'avait pas plus de principe de fief que le domaine roturier ; seulement il n'était pas soumis à l'imposition des fouages, taxe qui pesait sur les héritages roturiers; et il était exempt des corvées, [2] c'est-à-dire services de corps.

Le domaine noble n'avait rien de commun avec le domaine féodal ou la féodalité. Le propriétaire de ce

---

(1) Principes du droit, t. 2, liv. 2, ch. 3, sect. 2. Des fiefs, n 22, t. 3, liv. 2, ch. 3 et 14.

(2) Principes, t. 2, liv. 2, ch. 19 , n. 7, liv. 2, ch. 3, s. 14.

domaine ne pouvait donc user ni abuser de la féodalité. Sous ce rapport, il ne possédait pas féodalement; il était, comme le propriétaire de l'héritage roturier, possédé.

§. 3. *Domaine roturier.*

La tenue roturière était la concession en fief à charge des fouages et corvées roturières, outre les devoirs naturels et les droits accidentels établis par la concession. ([1])

Un seigneur et une personne noble, possesseurs d'un ou plusieurs fiefs, pouvaient tenir dans leur juridiction et dans des juridictions étrangères, des héritages roturiers, et cela avait lieu souvent.

§. 4. *Domaine privé et particulier du seigneur.*

Le seigneur avait dans ses grands fiefs, un manoir et ses dépendances, des fermes et des métairies formant son *domaine privé*, qu'il possédait foncièrement.

Observations générales.

La nature des héritages et des droits était inhérente à la chose, sans égard à la qualité personnelle du possesseur qui pouvait réunir sur sa tête des droits distincts et indépendants, sans qu'il opérât mélange ni altération des uns et des autres.

L'ignorance du tabellionage et la vanité des riches *introduisaient*, dans l'énonciation des qualités, des qualifications impropres qui étaient des contre-sens. Le

---

([5]) Principes, t. 9, livre 9, ch. 5, n 55.

possesseur d'un fief était présenté comme seigneur de tous les héritages en général qu'il avait, quoiqu'il ne les possédât que comme vassal : *seigneur* voulait dire simplement *propriétaire*.

D'un autre côté, les vassaux donnaient à leurs champs la dénomination de *fief*; ainsi l'on voit des champs, des vignes connus sous la dénomination de fiefs. Effectivement c'étaient des parties du fief servant ou du domaine *utile*. (²) Ici cette dénomination de la partie indiquait la nature du tout. Il n'y avait point de franc aleu sans titre en Bretagne; là maxime : nulle terre sans seigneur, régnait souverainement.

Mais tous les fiefs n'étaient pas d'enclave parfaite: au milieu, à côté, à l'extrémité, et en diverses parties des grands fiefs, existaient des fiefs, soit de forme irrégulière, soit de morcellement et de marqueterie. C'était le résultat des consolidations, des jeux de fiefs, des acquisitions partielles de mouvances. Il y avait preuve quelquefois, quant aux vassaux, de la réunion des fiefs en une seule main, dans l'exercice du droit de *féage* ; les aveux rendus au seigneur d'un fief, accompagnés de possession, étaient obligatoires contre tous autres seigneurs qui acquéraient d'une manière quelconque.

Quand on avait pris la précaution pour les fiefs irréguliers de morcellement ou de marqueterie, de fixer leur contenance et leur situation en terres *arables* et non *arables*, on avait soin d'impunir les aveux dans lesquels le droit de communer au-delà des bornes et contenances était énoncé, soit en biffant ces énonciations, soit en impunissant par sentence, en cas de refus de subir volontairement suppression.

(1) Principes, t. 2, liv. 2, ch. 3, n. 1, p. 75.

Lorsque les ci-devant seigneurs négligeaient d'impunir, les ci-devant vassaux usaient du droit d'impunissement réel, qui résultait de la possession *contraire* aux énonciations mensongères d'un aveu contenant *extension*. Le blâme de la vassalité rendait le mensonge non préjudiciable; il se faisait, *non tantum scripto sed et facto contrario.* (1) Si un seigneur, dans l'aveu ou le dénombrement qu'il rendait au seigneur supérieur, s'attribuait des droits sur autrui, il ne changeait point la situation réelle des vassaux. C'étaient là des actes inutiles, *actus ficti et actus verbi*, dit Hevin; il fallait en revenir aux aveux des *vassaux*, au service des devoirs, et à la possession.

Les aveux eux-mêmes étaient sans force contre les tiers, s'ils n'étaient accompagnés de possession conforme; la possession, *fait extérieur*, les rendait opposables, parce que la possession est toujours contradictoire.

CHAPITRE VII.

De la possession bretonne, quant aux terres vaines et vagues.

Le droit primitif des vassaux Bretons exerçant le droit de communer, ayant été asservi d'abord à la puissance militaire, puis à la puissance juridictionnelle et féodale, comme inhérent au domaine utile des anciens héritages de la vassalité, formait le fief *servant*.

---

(1) Sauvageau, liv. 1, p. 285. Grande Coutume, tit. 17, p. 654, t. 2.

On ne vit dans ce droit de communer, qu'une *servitude* à l'égard du ci-devant seigneur. Il fallut un titre pour *acquérir*, une possession *utile* contre lui et contre tous ceux qui pouvaient avoir des droits émanés de lui , par féages, arrentements, accensements ou autres actes quelconques. De-là la maxime : point d'action possessoire sans titre sur un terrain déclos. (1)

Le régime féodal détruit, le droit de communer reprend sa nature primitive de droit de propriété affranchie de servitude seigneuriale , résidant dans le domaine éminent. Ce domaine éminent, ou la féodalité, était un droit réel incorporel ; (2) voilà pourquoi la loi du 28 août 1792 proclame le droit de communer, droit de propriété après l'affranchissement.

A partir de cette époque, si l'on usait des terres vaines et vagues comme propriétaire , en faisant des actes de propriété appropriés à la nature des produits du sol , il est clair que l'on possédait *animo domini,* quoiqu'on soit resté dans l'indivision ; c'est pour cela que les actions possessoires de tout ci-devant vassal inféodé ont dû réussir , et c'est pour cela que l'un des co-propriétaires qui a voulu changer le mode d'indivision, sans le concours ou le consentement exprès ou tacite des autres, a donné lieu aux actions en complainte.

Quiconque n'avait pas la qualité de vassal inféodé , ne pouvait prétendre avoir possédé, à titre de *propriétaire*, les terres vaines et vagues d'un ci-devant fief auquel il était étranger.

Que ses bestiaux envoyés sur les vagues, eussent erré çà et là avant qu'il y eût des clôtures pour les

---

(1) Acte de notoriété, 6 avril 1756. Principes du droit, t. 2, n. 532, p. 531.
(2) Principes du droit des fiefs, ch. 3, n. 2.

rendre défensables, qu'il eût lui-même coupé et enlevé des landes tantôt dans un lieu, tantôt dans un autre, alors que les propriétaires dédaignaient ces produits éphémères, parce qu'ils en avaient au-delà de leurs besoins, ou qu'ils toléraient ces actes comme de pure faculté ou de bon voisinage, parce que celui qui les exerçait, agissait sans intention de nuire à l'exercice ultérieur du droit de clôture *sine animo sibi habendi;* il n'y avait point encore de possession valable acquise.

Mais si un individu coupait habituellement les brandes, les landes, buaillès et bruyères sur un canton de terrain ou *déborné,* ou *bauché,* ou déterminé comme ayant un maître connu, quoique ce terrain ne fût pas clos, il en acquérait possession utile, à charge de représenter un titre quelconque, de nature à justifier qu'il avait possédé *pro suo, super certo et determinato fundo,* quoique ce titre ne fût ni un aveu, ni un féage, ni un arrentement ou accensement.

La dénégation du droit du propriétaire, constatée par des actes judiciaires non périmés ou suivis d'acquiescement, détruisait la présomption de précaire, et faisait commencer une possession utile; elle opérait interversion dans le vice originaire de la détention *à die denegati juris.*

Hors de la province de Bretagne, où le droit de communer n'est pas connu, où le droit de communer n'est pas devenu un droit de propriété parfaite, on a dû juger, et c'est ce qu'a fait la Cour de cassation, en 1827 et 1835, que le pacage des *bestiaux et l'enlèvement des litières,* dans certains cas, peuvent être des faits de possession utile, *sans titre,* parce que l'on n'a pas connu le *droit d'autrui.* Mais en Bretagne, où règne le droit de communer, devenu droit de propriété, le pacage avec enlèvement sur un terrain déclos, des litières, *sans titre*, a le caractère de *servitude discontinue*, puisqu'il s'exerce sur la chose d'autrui, concurremment avec le propriétaire qui a toléré, et non à l'exclusion du propriétaire avant ses clôtures, parce qu'il savait qu'il fallait un titre pour l'empêcher de *clore*. Les articles 647, 689, 691, 2229, 2233, détruisent les éléments de la possession sous un double rapport.

Ces principes peuvent être invoqués par tout propriétaire qui veut user du droit de clôture, dès que sa propriété est démontrée.

La loi du 28 août 1792 a eu l'effet de prononcer maintenue dans des possessions alors existantes; cette loi vaut donc titre de possession. Ainsi acquise, la possession s'est conservée par la seule volonté *possessio retinetur animo tantùm*. A plus forte raison, elle s'est conservée par l'exercice du droit, sur une partie quelconque, *exercitium juris in parte conservat in toto*; mais elle a pu cesser par une possession *contraire*. Il faut donc, pour en détruire l'effet, prouver cette possession *contraire*, rendant impossible la possession primitive; et, pour cela, il faut établir une autre possession exclusive de l'ancienne, par des actes formels, emportant dénégation de celle-ci, et faisant obstacle à la continuation de la possession ancienne.

Le célèbre Hevin dit avec raison que les faits du fermier ne peuvent nuire au propriétaire. Souvent pour vivre en bonne intelligence avec ses voisins, un fermier tolère des abus dans un lieu pour se les permettre dans un autre, ou pour se rendre favorable le voisinage, ou pour éviter des déprédations plus dangereuses. De là les enlèvements de bois mort, les enlèvements de landes à proximité des voisins. Toutes ces choses ne peuvent pas plus tirer à conséquence que l'usage au puits, au four, à l'abreuvoir, à l'étang d'autrui. Il faut un titre pour détruire la présomption de précaire imprimée aux habitudes de la localité, équivalentes à déclaration de non-préjudice qui est sous-entendue dans tous ces faits, quand on ne les a pas voulu réprimer.

Lorsque des terres encore vaines et vagues sont l'objet d'un débat possessoire entre diverses personnes, il est évident que toutes choses égales, et dans tous les cas, la possession fondée en titre doit l'emporter, *in pari causâ mélior est causa titulata*.

Le propriétaire qui a fait des actes de possession conformes à son titre, a conservé la possession et le droit de posséder. Il faut qu'un autre ait pris entièrement sa place pour le vaincre; jusqu'aux clôtures le propriétaire ayant pu user de son droit, il n'y a pas de possession acquise contre lui.

La paix publique repose sur la possession acquise. A cette possession est attachée une *propriété* provisoire qui doit être combattue par des preuves contraires, mais avant la transformation de la possession en propriété *définitive*.

Les ci-devant vassaux afféagistes, arrentataires ou accensitaires, qui possèdent *aujourd'hui*, parce qu'ils possédaient au 28 août 1792, sont réputés avoir possédé dans le temps intermédiaire, *probatis extremis media presumuntur* ; leur droit est donc inattaquable.

Les anciens domaines privés des ci-devant seigneurs, en dehors des terres *vaines et vagues*, pour tout ce qui en fait partie réelle et intégrante, s'ils n'ont été possédés par des tiers à leur exclusion, sont aussi à l'abri de toutes recherches.

Quiconque a une possession particulière, rendue

exclusive par des clôtures, ou, à défaut de clôture, par un titre conventionnel ou judiciaire, avec légitime consort ou légitime contradicteur, donnant le droit de se clore à volonté, ne fut-il ni ci-devant vassal, ni afféagiste, arrentataire ou accensitaire, doit être gardé dans sa possession jusqu'à ce qu'il y ait preuve judiciaire d'un droit de propriété antérieure, lequel ne peut résulter que d'un titre *valable*, non prescrit, c'est-à-dire, accompagné de la preuve d'une possession ancienne, contraire à la sienne.

Enfin, la prescription de dix et vingt ans, la prescription de trente ans, couvrent de leur égide le possesseur actuel : l'Etat, les communes et les particuliers y sont soumis. (Art. 2227.)

Voilà des barrières que l'on ne peut franchir. Il est donc incontestable que les ci-devant vassaux, ou leurs représentants, placés dans les termes de l'article 10 de la loi du 28 août 1792, sont propriétaires exclusifs des terres vaines et vagues; et, s'il en était besoin, cette propriété se consoliderait encore, en invoquant les nombreux partages qui ont eu lieu depuis sa publication.

Inutile de rappeler que, dans nos contrées, la paix publique repose sur l'inviolabilité de ces droits.

Il serait digne du gouvernement de rassurer les populations Bretonnes, par un projet de loi conservateur en tout point de la législation spéciale; et si quelques erreurs préjudiciables s'y glissaient, ce serait alors que l'on verrait tous les députés de l'Ouest s'élancer à la tribune nationale, et défendre les *franchises* de la Province, avec autant de courage et d'indépendance que le firent, en 1792, les hommes célèbres qui la représentaient.

FIN.

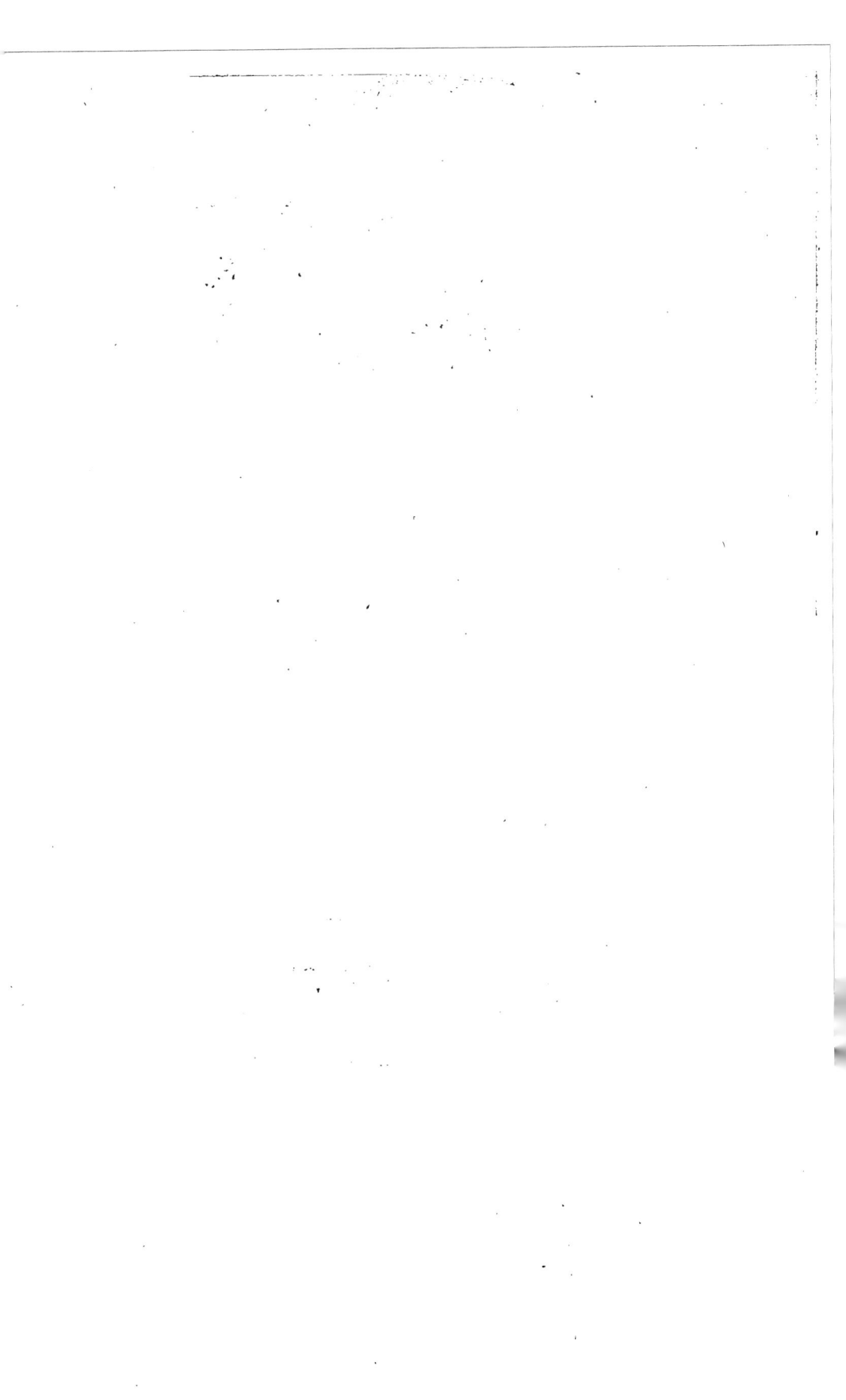

www.ingramcontent.com/pod-product-compliance
Lightning Source LLC
Chambersburg PA
CBHW071319200326
41520CB00013B/2830